Sichern Sie Ihr Vermögen!
Tipps, Tricks und Hilfe

AF272122

Herold zu Moschdehner

Sichern Sie Ihr Vermögen!

Tipps, Tricks und Hilfe

Bibliografische Information der Deutschen Nationalbibliothek
Die Deutsche Nationalbibliothek verzeichnet diese Publikation in der Deutschen Nationalbibliografie; detaillierte bibliografische Daten sind im Internet über http://dnb.d-nb.de abrufbar.

ISBN   9783756211975

9,99 Euro

Lieber Mensch mit gesundem Menschenverstand,

gut, dass Sie dieses Buch gekauft haben und nicht
gerade bei einem Bankberater sitzen und ihr Geld ins
Nichts investieren. An Inflation, Krieg und richtigen
Gewinnmöglichkeiten vorbei.
Ich habe mehrere Tipps implementiert und möchte,
dass das deutsche Gesamtvermögen kein Teil der
neuen Weltordnung geht. Dies bedeutet nämlich, dass
Sie nur noch genauso viel, wie die anderen haben. Sie
werden im Grau versinken und ihre Nachkommen
freuen sich sogar darauf.
Ich rette gerne.

Herold zu Moschdehner

1. Senden Sie mir Bitcoin:

36Qj1eoYemsLuoAgBStGUwEkvZBJL5kHLZ

Ich mach was draus!

2. Kaufe KupferUnzen

3. Kaufe Aktien von Rheinmetall

4. Kaufe ein Waldgrundstück

5. Bronzen von Ernst Seger kaufen.

6. Keine NFTs kaufen!

7. Bücher von Moschdehner, Hautberg, Bruderschaft Aalmolke und Robert Zobel kaufen. Die Impulse daraus machen einen eh reich.

8. Leben ungestellt mitfilmen lassen und alles ins Netz laden.

9. Mit einem Metallsuchgerät einfach immer geradeaus sondeln.

10. Schafe kaufen und erst die dritte Generation als Schlachtvieh nutzen.

11. Deine Geheimzahl für Deine Geldgewinne heißt: 14

12. Eigenes Kochrezept erfinden und gut vermarkten.

13. Amazongutschein an feldulme@hotmail.com

14. Flaschensammeln nachts in einem Kaufland

15. Gesichtsoperation

16. Drogen billig einkaufen und teuer verkaufen

17. Erbe immer auf Herold zu Moschdehner
Überschreiben

18. Roulette. Alles auf Rot!

19. Elefanten züchten und dann einen Wanderzirkus gründen. Neben den normalen Vorstellungen einfach Tiere für 5 Euro streicheln lassen.

20. Normale Steine als Heilsteine verkaufen.

21. Ganz viel Geld in Bobitz im Erdloch von Herold zu Moschdehner verstecken.

22. Ein Buch, wie dieses, schreiben.

23. Auf einen finanziellen Zug/Strom aufspringen, der sich anbahnt. Momentan: Kiffzeug.

24. Erweitern Sie stetig Ihren Horizont und es werden viele Geldtöpfe im neuen Land sein.

25. Klopfen Sie ihre entferntesten Familienmitglieder ab. Irgendwer wird mehr Geld haben, also sie.